MÉTHODE
DE LECTURE

SIMPLIFIÉE
ET DÉBARRASSÉE DE TOUTES DIFFICULTÉS,

PAR M. R.....

Propriété.

A PARIS, CHEZ HOQUART, LIBRAIRE.

Saint-Etienne, typ. Gonin.
1843

J'appelle voyelle, une ou plusieurs lettres réunies qui peuvent former un son. (Voyez ces voyelles p. 6.

J'appelle consonne, une ou plusieurs lettres réunies qui n'ont pas de son par elles-mêmes, mais qui sonnent avec le secours des voyelles. (Voyez ces consonnes p. 5) (1).

Ainsi, il y a des voyelles et des consonnes simples (d'une seule lettre), comme a, i, r, m ; doubles (de deux lettres), comme an, ou, bl, gn ; triples (de trois lettres), comme eau, ain, ill. On prononce ensemble les lettres réunies qui forment les voyelles et les consonnes doubles et triples sans nommer chaque lettre en particulier. C'est de cette manière que la prononciation des voyelles et des consonnes conduira naturellement à la lecture des syllabes.

Une syllabe est formée d'une voyelle seule ou précédée d'une consonne qui sonne avec elle ; ainsi, le mot *enfant* est composé de deux syllabes dont la première (en) est formée d'une seule voyelle double, et la deuxième (fant) est formée d'une voyelle double précédée d'une consonne simple qui sonne avec elle. Quelquefois la voyelle est suivie d'une consonne qui ajoute à sa prononciation, comme dans la deuxième syllabe du mot *cheval*, la consonne *l* ajoute à la prononciation de la voyelle *a*.

---

(1) Les trois lettres m, n et t font partie d'une voyelle double ou triple quand elles sont précédées sans être suivies de a e i o u y.

LE SALUT EST DANS
LA CROIX.

MARIE CONÇUE

SANS PÉCHÉ

PRIEZ POUR NOUS.

MARIE

PROTÈGE L'ENFANCE.

Consonnes ou marteaux.

besace	demain	jeton	leçon
b B	d D	j	l L

melon	neveu	petit	rebord
m M	n N	p	r R

second	tenir	velours	ze
s	t T	v *v*	z

que ce	point de nom	quenouille
x *x*	h H	c k qu

guenille	fenêtre
g G gu	f F ſ

fe	gne	che	ble
ph	gn	ch	bl

bre	cle	cre	cre	dre
br	cl	cr	chr	dr

fle	fre	gle	gre
fl fr	phr	gl	gr

ple	pre	tre	vre	ille
pl	pr	tr	vr	ill.

Voyelles ou enclumes.

a A *a* e E *e* ent

é é é é

é ez ai ay er

è è è

è ê et ei ais

é è

ait aient i I y u

o au eau in im

yn ain ein an

am en em on

om un um oi oy

iin

eu œu ou ien

ssion.

tion.

Voyelles et consonnes mélangées.

b ou c d ai f œu g eu je oy k
oi um m un n om p on q eau
r au s em t en v am z an ç ein
x ain h aim qu a gu e ph é
gn è ch ê ill i bl o br u cl ei
cr y dr in fl im fr en vr aient
et ay ais ent er chr ait ien.

Syllabes composées d'une consonne et d'une voyelle simple.

vu ba vo be vi bé vê bê vé
bi ve bo va bu tu ca to ce ti
cé tè cè té ci te co ta cu çu
da ço de si dé sê di dê sé do mê
du ru sa ro se ri ré rè sè re
so ra su pu ga po ge pi gé pê
gi pé gê pe go pa gu nu ja no je
ni jé nè ji ne jo na ju mu ka

ku zu la zo le zi lé zè li zé né lè ze lo za lu xu ça xo xi xê.

Syllabes composées d'une consonne simple et d'une voyelle double.

nin rou mez kan pez leu soi jun toy gum von fan zin byn dez çou beu noi hum mom xem lam zim jet vay ten cyn dyn geu sai fun ron cen bin get tez jei ver gai teu fyn zoy lum çom mem bam pim rez det fez sez gou tai gyn jeu vei zeu loi moy nun hon xum nom bau men cem hyn lan kam jim din gan fam çau tem vau son zom jyn run xoi pum noy heu moi xeu loy zei hou xon kyn nan jai vou

ger tin bon cou dan hai çan
fen lyn sem rau doncombun
poi çoi pan nez doi boi myn
reu cei sou fai ter jez ven let
hom mer roi nyn bay zau
con voi den tum fet cum gez
ran hoi pyn sen jan bet kin
lun nen met bai dam cai fei
ryn hen goi jau lou kau nay
pen min ret çoy tam syn san
xou voy veu zun bou can dau
foi jen gon tyn hau lon mun
pon nau sau ren tim vun çai
lai vyn koi joi hez gau fau
dou cun bez zai xau vai tun
xyn ser rin çun pin non mai
ray mei peu van sum pay boy
feu dun cau lei hou gay jou

mou pou net sun rai çon tay
pai vez bet cay deu man fin
pem rei soy nai rer fon roy
mim pei toy ban cam dai jum
gei lin nei sin vam fou may
pun ram tei çam tou rim fem
neu mam per vin seu num
ler bim gin ner cin jin dim
bem cum der fim gem hin
jam ken len mon nim poy
rem sim tam vem ber cez
day foy gam hun keu joy
lay mau ner pau rom sam
ton vim xin zon tom mum
bom cer dem fay goy jem bei
him lem meu pom nam rum
tau sei vet bum mau pam
nou coy dom hei gim jon say

her dei gen fer lau hay vom ceu gun fom tet han jer sim lom dum cim ham vum çay doy lim jay fum gom set jom som.

Syllabes composées d'une consonne double et d'une voyelle simple.

qua vru que vro vri qué vrê qui vrè què vre quo vra qu'u tru gua tro gue tri gué trè gui tré guê tre guo tra guu pru pha pro phe pri phé prè phi pré phê pre pho pra phu plu gna plo gne pli gné plè gni plé gnê pl e gno pla gnu gru cha gro che gri ché grè chi gré chê gre cho gra chu glu bla globle gli blé glè bli

glé blê gle blo gla blu fru
bra fro bre fri bré frê bri fré
brê fre bro fra bru flu cla
flo cle fli clé flé cli flê clê flè
clo fla clu dru cra dro cre dri
cré drê cri dré crè dre cro
dra cru.

Syllabes composées d'une consonne simple et d'une voyelle triple.

bien cait tent gait veau jais
leau mais pain dien rait sent
heau kain xien nein çais lait
cœu fain zeau neau tien lent
gain beau jain vien peau kais
nœu rien hait xais feau cain
sait deau zein rœu bais zœu
xeau dait vœu fait tais gien
çait hais sœu jeau rain keau

ment pais neau bœu dain
cais fien hien gent jœu lien
kent mœu pent nais reau tain
seau zais xœu sein bent vais
cien tein dais çaïn fein rais
geau pein hœu jien nait kien
mien lœu bait ceau dœu fais
gais hain jein nait kœu lein
mein nain pœu rein sais
tœu vain xait zais bain gein
cein hein dein nien kein pait
lais rœu main teau hent pien
vait cent tait sain mait gein
nent nait rent sien fœu dent
lain fent gœu bien vent nais
vi gne ron pli a ble mon tau
ban sau ton dou ble seau vi
an de pou dre trou peau.

Syllabes composées de consonnes et de voyelles doubles.

quin vrou quan quau vrau
quon vray quun vrum quoi
vrom queu vrau quai vrem
guim vrin guam trou gu-
au trei guem treu guum
troi guoy trun quou tron
guai trau guou tren phin
trin phan prou phau prai
phou pram gnim prim gnam
plou gnau plei gnom pleu
gnum ploi gnoy plun gneu
plon gnai plau gnou plan
chim plim chen grou chau
grai cheu greu chun groy
choi grum chem grom chei
grau chou gram blin gren

blem glou blau glei blom gleu blum gloi bloy glum blou glan brin glim bran freu brom frai brum froy brai frun bren fran bron frau brun froi broi frum breu from brei fren brou fram clen frin creu droi crau drai cron dreu crun droy drum croi drom cren drau crei drem crou drim plet dray quet fray.

Syllabes composées de consonnes et de voyelles simples, doubles et triples.

bain pheau cœu gnain deau chœu fein bleau brein jain clœu lain creau main drein nœu flain peau frain glein

raim greau sain plœu tein
praim veau train zœu vrain
phœu grait chaient bien
blien bais claient creau chré
draient flait fraient glain
grœu plait praient trait vrais
ille chien phein gnaient blœu
braient clait craient chri
drais flaient frœu glais grais
plain prais traient vrais quœu
illaient quais gait phais gu-
eau chais blais brœu clien
crais chro drœu quaient flais
frais glaient grâin plaient
preau trien vraient illaient
guaient geau faient gneau
chait blaient bain crait chru
drait fleau prait teau vain.

Mots composés de syllabes faciles.

Malade lire sage mère père aimera médire petite rave pelote pipe cave mode midi jure lure gale mari figure dorure samedi farine carafe solide parole noire robe lune pape solive famine volume camarade salira qualité colique chicane charité neveu vécu balai semaine douze bijou genou reine laine témoignage traîne domaine naufrage châtaigne peine boutique demain couteau chou quinze coton tombeau magnifique diable saliraient aimer crier

membre temple singe peindre champignon prochain pénitence boulangère prêtre déplorable prendre propre craindre notre canon dindon crème manchon problème chaque ignoble aube autre ivoire agneau audace écumoire aumône écritoire aveugle ouvrage once oignon ombre ongle onze aucun entre ample encan enfance enfonce étrangère emprunté empoigné enseigne bouchon épingle bouillon phare maison heure moulin baigne viande violon animaux milieu être étoile in-

tense centaine intendant tri-
omphe ignorance vitre ga-
gne-pain haleine haute ha-
che château gloire jeune notre ami âne myriamètre bu-
tin grimace bombe tente fi-
gue aurore bronze fixe ron-
de labyrinthe rouge maman
lapin savon fiacre jaune la-
bourable amitié pioche Dieu
friande lion génie novembre
langue franche philosophe
balance jeton rotonde libraire bête bobine bâton péché
plomb souci leçon école kilo-
mètre congé ménagère jupon
démon tyran fonte tache fe-
nêtre lumière oncle double

semblable oubli cruche notaire étranglé maigre agréable traître négoce planche marin baignoire montre balance glace bouton enclume mateau banque solive mètre cheveu plâtre soufre caprice cimetière trône plaque monde poule pince fontaine gravure mouche chemin boiteuse piton tringle France église encre lance sabre apôtre ici mince âge aîné abîme aboli amère bouche épine égaré utile avarice étage image ivrogne aura café dame fête gâteau haine idolâtre jambe lait navire ombre plainte racheter remède sacrifice table simple tabatière secouer talon unanime variété céleri dire fève rabais gage soudure hébreu rencontre ignorer japon sucre réponse lampe nèfle obole réclamais vente télégraphe humanité insivilité janvier ramper laurier racler poire redoute secrète tigre cène dupe maçon nation omelette piano tonsure vin récompenser vache humble inclination lévite madame nègre vague simplifier timbale veau opération plumet refuge sainteté teinture souhait rançon oracle poinçon niche mécanique licou honte timbre ranimer noble trève poivre recopier tribune requin salade inconsidération hoquet sédition témérité sujet uni suite noce seize règle singularité vaincre soupe volière zéro lien cité fable lavabo remoudre jeudi rendait imagination sourire velin neige suprême quatre limaçon réprobation virole gêne république sûreté ventre œuvre sensualité limonade radeau vêpre nez légume rempli mélancolique vite retraite moralité volonté quantité renom nombre olivier velouté reproche vérification joujou harangue valable timidité râpe tampon vitre olographe remuaient trajet horizon règne tanche rapide sobriquet quarante tradition recouvrable salé unité trinité révélation plateau lendemain souple témoin humiliation salon tire-bouchon rein sapin pontife linon rente imbécile triple serin rajeunirent tranche râpure orage trame trou réputation votre vendable trouble vendre pleurer numéro vocation rêve tréma litre troupeau véritable poteau valet tanière jujube tempête voûte fabrique tare dôme vanité tendreté titre levain vœu hypocrite récréation toile vénérable quantième vérité satan poudre relâche mouton siècle trempe novice satin rareté truite solitude tombeau signature ratafia nonante sombre tulipe vaquer taupe synagogue vendredi soutane loi rejeton soutien infidèle trente vécurent signe longanimité vidait jambon fanfan souverain gîte vogue saumon cloche son relique préfet tentative vilain galon symétrique variable hibou ratine taureau souche nouveauté recroître tiède venin sublime voile ovale quinquina synode redevable univocation italique répandre zodiaque nom ouater reluire signification prince humilité oxigène oranger gaude soudain libéralité louveteau séance raton qui-vive homicide diadème imitation gaufre voiture utilité zone triangle fidélité quatre juri quoique Lyon Avignon Rouen Angoulême Mende Grenoble Draguignan soutiendra vaquaient vivant vendais ranimera rampais rachetait.

OBSERVATIONS.

1re observation (Voir l'explication de la méthode.)

ab	**ac**	**ad**	**al**
abjurer	acte	admirer	Alger
Absalom	action	admission	halte
ar	**asi**	**ec**	**ef**
argent	asprant	lecture	chef
ardeur	astre	pectoral	nef
el	**es**	**ic**	**if**
bel	esprit	dictée	vif
Elbœuf	estomac	dictateur	pensif
il	**ir**	**is**	**ob**
vil	virgule	histoire	objet
fil	Irlande	pistolet	obtenir
oc	**ol**	**or**	**os**
octave	mol	ordre	hospice
nocturne	col	ordinaire	hostie
uc	**ul**	**ur**	**us**
suc	ulcère	urne	ustensile
ail	**air**	**eil**	**euil**
bail	chair	pareil	fauteuil
eur	**ins**	**oir**	**our**
peur	instinct	noir	pour.

2me *observ.* — Psaume sbire scandaleux scrutin sculpteur psorique spéculer spéciale spectateur sphère spic spiral splandide spongieux spontané psalmiste stable stagnant statice statuaire stimulant stipulais strapassé strict structure stupéfaites styles stupide station stère stérile stuc.

3me *observ.* — Sexe messe banquet adresse ancienne belle cette coquette criminelle allégresse tresse ânesse caresse tristesse vitesse sagesse terre guerre pierre dentelle échelle étincelle ficelle jumelle tutelle cruelle temporelle ponctuelle pluriel duel autel colonnel objet mutuelle professe telle vénielle violette formelle minetté.

4me *observ.* — Athée charretée futée armée Marie poulie pie rosée fée folie rue laitue portée modestie ortie rôtie sacristie eucharistie oie proie prie tue paie partie copie étourdie jolie scie sue coupée vie pluie envie lie aimée sentie vue éternue saluée.

5me *observ.* — Taire saisissant saison saignée raisonnable maire solitaire rosaire distraire faire notaire ordinaire paire affaire chaire inventaire militaire primaire calvaire plaire volontaire salaire raison vicaire baignoire baiser maison maigre pairie pétitionnaire originaire paisible populaire laiche lainage laiterie faiblesse faiseur.

6me *observ.* — Abattement vraiment accablement vocalement accommodement verticalement acharnement vainement avancement assortiment attachement uniformément supportablement rondement profondément ordinairement gratuitement fermement entièrement divinement conjointement comment angéliquement.

7me *observ.* — Merle mer expert ermite fer observe serve couvert dessert ouvert berline bercail tabernacle berger berche cercueil certain ferme fertilité certainement ferveur fermoir germe mercredi merveille nerveux perfide servir servante terme herbe serment sermon terne perte.

8me *observ.* — Homme donne gomme tonne pomme tamponne somme raisonne consomme polissonne surnommé Garonne lionne nonne patronne pouponne bouffonne couronne emprisonne entonne questionne bâtonne tisonne ordonne assomme Lisbonne perfectionne bourdonne cotonne frissonne savonne sermonne vigneronne patronne conventionnelle.

9me *observ.* — Ceci juge genou gendre giron gîte gémissant cendre jeu jeune jetée girouette gibier géométrie génie jésuite gendarmerie gélivure magistrat mange mangeons projeter jugeaient projet agace amorcer merci aussi voici éclairci sauce arrange changeais régie minéralogie obligeons nager boulanger mensonger chargé bougie

10me *observ.* —Rose chose prise chemise ruse fusil fuseau aviser composer cerise amusaient musée fusion fuserolle musaraigne fraise fraisil framboise disette désemplir désavantageux désavouer désastre désarmer désabuser cause faisance faisable lisible liseron lisière prose présage prison maison présent case rase phrase cosaque besogne besoin beruse baisemain baisure.

11me *observ.*— Nous abritions nous visitions nous absentions nous ventions nous achetions nous maltraitions nous plantions nous ajoutions nous culbutions nous goûtions nous boitions nous contristions nous consultions nous attentions nous enchantions nous étions nous escamotions nous fermentions.

12me *observ.* — Aboyant payer envoyer effrayais prévoyaient fuyait déployer balayer broyant côtoyais délayant ennuyer noyer rayer tutoyant.

ondoyaient essuyer appuyer bégayaient moyen joyeux citoyen dévoyer égayer employé flamboyait foudroyant frayais boyau joyau tuyau.

13me *observ.* — Haïr païen aïeul héroïque faïence laïque poëme poëte haïe noël Saül Moïse siguë aiguë Jaïre Naïm Caïphe Esaü Caïn Ephraïm ouïr ouï-dire ouïcou ouïe Emmaüs Isaïe Israël Mizaël.

14me *observ.* — Exalter excepter exacteur exporter exploitais expérimentaient exhortait exempter exécuter excavation exaucer excitatif excursion exécration examen exaspération expectant exorde exil existant exemption exercice exproprier expulsion excès exclure extrait expiration.

15me *observ.* — Inspecteur sanction instance sanctifier onction instituteur conjonction démonstration ponctualité instrument sanctuaire transparent jonction obscurité extinction translation fonction transversale arotique transpiration instabilité obstruction sanctification.

16me Ils calomnient, elles voient, eux qui supléent, ils charment, elles contrarient, eux qui châtient, ils avouent, elles diminuent, eux qui aiment, ils pourvoient, elles agréent, eux qui glorifient, ils écument, elles prévoient, eux qui habituent, ils plient, elles se revoient.

Mots composés de syllabes dont quelques-unes sont formées de consonnes non suivies immédiatement de voyelles.

Substantif temps couvercle bouc matelas corps rois complémens boulevard bourrache bourrique arrose office opposé assuré appelé assise irrésolu illimité salle nulle actuel collége gargote disciple tartre butté doctrine mille obscur drap étang champ beaucoup repos moins hareng bourg trop palais blanc sirop galop égard franc estomac refus dessous propos soldats luthéranisme manufacture nord orthodoxe ouvriers pairie parfaites sardine terreaux tonneaux christ consul correction entonnoir escamoteur estafaite éternel infortune instruit mascarade mélasse métal miséricorde monastère mourir muscat porte progrès purgatoire serviteurs sinistre souffle spirituel surnoms artificielle bocal charbon duchesse frugal guimbarde hôtel indicatif lutteur marchand noteur orthographe palfrenier satisfaire terrestre tardaient ascension borgne chardonneret durcir emplettes frémir christianisme contrister cour entrevoir escarpin estampe étourdissant imposture Hollande greffe fourchette égoïsme dispense arche temporel archet berline cérémonial distribution élection fortune griffonner horrible impression justification lourdaud malveillant nocturne orgueil outrageusement pacificateur sacrificateur parasol sacristie tenailles tisserand travestir ardeur bistoquet chiffrer collectif électeur fourche grandeur horloge impuissant justesse loyal manchettes noisettes originel paillasse parchemin salpêtre tendresse tissu tumulte armoire blasphème certificat confessionnal duel corne entorse équerres embellir fraction gens arme horreur incertains justifier lustre mandat nominateur orteil couvertures parcourir salut terrasse toilettes espoir éteignoir infirme instituteur martyre médailles métamorphose muettes monarque mousseline mutuel ponctuelle profonds pulvérise injustice interdirons masculin menteur microscope missel moniteur multiplier mystère postulant protestants servantes soleil sirops soustraire assiette bosquet charron endormir fraternités guirlande hotte indiscret lustrine mardi nourrice ossement palme parjure scolaire terrines tortue astronome bossu biscuit chaste endurci friction graisseur humeur indulgence maréchal nutritif ostensoir palpable parlement secrétariat théisme total avril brebis berceaux chasseur endosser froideur inégal marmite ourdir papal particuliers secte théologale tourment marquis traiteur transfiguration compas culbuté épargne esclave estimable épagneul insolvable massepain mentir miel maison mortel murmure mystique procession stable suspect style corbeau cotes abbesses babel calcul débusquer écart faculté gaillardes haïr idéales jansénistes lanternes législatifs machinistes nacelles lessives obéissaient raccourcir passaient tabac varlopes abjurations bagatelles calmes défectif ecclésiastique garde hannetons fanatisme illégales jardinier mademoiselle natif obéissance passions raifort tablettes vassales abordable bail calviniste définitions échafaud fantassin gardien hardes illumination jardin magistrats natales obélisque pastorales recteur tailleur verbales absolutions bal capitaux démarche écharpe faveur garnison hardiesse illustre jasmin liste majesté naturel objet paternelles réfraction tambour vergers vermicelle accusation balcon caractère fermes garniture harnais leur navettes obscurité tanneur baldaquin cardinaux démissions échec ferveur germains harpe immobiles journal lierres majeur nettetés pays remarquer tapageur vermisseaux noviciat télescope archevêque psalmodie acteur balle dentiste échassé festin glissoire hectare imitations jour neuf obstacle pectorale adjectif balustre carlin herbes immortel juif lieutenant major noblesse obtenir pensionnat restais tapis admirer barbe carnet déplisser échelle feston gourd herboriste impair jureur linceul mal Noël offrande perfection résultat tapisser verticales allumettes barbouiller carpe écorcher filtrer gouvernails ligneul maladresse noix offre perles rétractations tard.

Cri des animaux.

L'abeille bourdonne. L'aigle trompette. L'alouette grisolle. L'âne brait. Le bœuf beugle. Le bourdon bourdonne. La brebis bêle. Le buffle souffle. La caille carcaille. Le canard nasille. Le cerf brame. Le chat miaule. Le cheval hennit. Le chien aboie. Les petits chiens jappent. La chouette hue. La cigale craquette. La cigogne claquette. Le cochon grogne. La colombe gémit. Le coq coqueline. Le corbeau croasse. Le crapaud coasse. Le crocodile lamente. Le courlis siffle. Le dindon glougloute. L'éléphant barète. L'épervier glapit. Le faon râle. Le geai cajole. La grenouille coasse. Le grillon grésillonne. La grue craque. Le hanneton bourdonne. Le hibou hue. L'hirondelle gazouille. La hupe pupule. Le jars jargonne. Le lapin glapit. Le lion rugit. Le loriot siffle. Le loup hurle. Le mangous coasse. Le merle siffle. Le milan huit. Le moineau pépie. La mouche bourdonne, le mouton bêle, l'oie siffle, le paon braille, la perdrix cacabe, le perroquet cause, la pie jacasse, le pigeon roucoule, le pinson frigotte, la poule glousse, le poulet piaule, le ramier gémit, le renard glapit, le rossignol fredonne, le sanglier nasille, le serpent siffle, le taureau mugit, le tigre rauque, la tourterelle gémit, la vache mugit.

www.ingramcontent.com/pod-product-compliance
Lightning Source LLC
Chambersburg PA
CBHW060901050426
42453CB00010B/1524
9782019492359